今すぐ使える！
生活習慣 おまかせシアター

手で切り離せるミシン目入り

もくじ

歯みがき
- 1 歯みがきが大切なことを伝えたい！ …2
- 2 歯みがきを楽しく伝えたい！ …3

時間
- 3 生活の中で時間の意識を身につけたい！ …4
- 4 早寝・早起きの意識を身につけたい！ …5

プール
- 5 プールに入る日の約束を伝えたい！ …6

手洗い
- 6 手洗いの順番を伝えたい！ 手洗いを身につけたい！ …7

食事
- 7 好き嫌いをする子どもに少しでも食べてほしい！ …8
- 8 バランスよく食べよう！ を伝えたい！ …9
- 9 給食、バランスよく入っているよ、残さず食べよう！ …10
- 10 主食、主菜、副菜、汁物、配ぜんの意識をつけたい！ …10
- 11 よくかむ習慣を身につけたい！ …11

排せつ
- 12 食べたら、体の中を通ってうんちになることを伝えたい！ …12
- 13 トイレットペーパーのちぎる長さを知らせたい！ …12
- 14 洋式トイレ、忘れやすい手順をおさらい！ …13

清潔
- 15 くしゃみ、せきは、バイ菌が飛ぶよ …14
- 16 鼻をかんだら手を洗おう …14

ほかにもいろいろ
- 17 あいさつをしよう …15
- 18 朝ごはんを食べよう …15
- 19 姿勢を正そう …15
- 20 つめを切ろう …16
- 21 持ち物には名前を書いておこう …16
- 22 今月の目標を決めよう …16

コピーしておたよりに！ 保護者に伝える生活習慣4コママンガ …17～21
コピーして使える！ 生活習慣チェック表など …22
手で切り離せる!! シアターグッズの作り方・使い方 …23～24

巻頭ポスター
- 体の中ポスター
- 三色食品群 台紙用型紙
- キリンさん

手で切り離せる!!
- カバくん …25～32
- 時計 …33～34
- 食べ物カード：赤グループ …35～36
  - 黄グループ …37～38
  - 緑グループ …39～40
- お皿カード …41～42
- 指人形：ネズミ・ウサギ・クマ・ゾウ …41～42
- うんち …41～42
- くしゃみ＆バイキン …43～44
- ペープサート：ウサギ・クマ …45～46
- 生活カード：はやくねよう ┐…45～46
  - はやくおきよう ┘
  - つめをきろう ┐…47～48
  - つめがのびたら… ┘
  - よいしせい
  - わるいしせい
  - あさごはんをたべよう ┐…49～50
  - あさごはんをたべないと… ┘
  - うんちをしよう
- トイレ順番カード：①おしりをふこう …49～50
  - ②みずをながそう ┐…51～52
  - ③てをあらおう
  - ④てをふこう
  - ⑤スリッパをそろえよう ┘
- 手洗い順番カード：①てのひら ┐…53～54
  - ②てのこう
  - ③ゆびのあいだ
  - ④ゆびのさき ┘
  - ⑤おやゆび ┐…55～56
  - ⑥てくび
  - ⑦みずでながして
  - ⑧ふく ┘

歯みがき 2・3・4・5歳児

1 歯みがきが大切なことを伝えたい!

歯をみがかないと虫歯になっちゃうよ! 歯みがきが大切! ということを楽しく伝えていきましょう。

準備物

カバくん ▶P.25〜32
歯ブラシ（実物）

知っておこう! 保護者へ向けても! 共有して、いっしょに生活習慣
▶生活習慣4コマママンガはP.17

- ●歯ブラシの選び方・交換時期：歯ブラシは子どもの親指の幅程の物を選び、毛先が開いたら交換します。
- ●しあげみがきを：小学校低学年まではみがき残しが多いので、家庭では保護者にしあげみがきをしてもらいましょう。特に、6歳臼歯が生えて歯肉がかぶってみがきにくいところは、毛先が細いワンタフト歯ブラシを使うのもよいでしょう。

シアター 虫歯はイヤだ!

① カバくん登場。
「甘い物大好き! カバくんです。」

② カバくん、そっぽを向く。
「歯みがきなんてきらいだよ!」
プイッ!

③ 保育者が話しかける。
「ちゃんとみがかないと虫歯になっちゃうよ。」

④ カバくん泣きながら
「うえーん! 痛いよ。」
「たいへん! 歯医者さんに行かなきゃ!」

⑤ 保育者がカバくんに話しかける。
「虫歯にならないように、歯みがきは大切だよ。」

⑥ カバくんがこたえる。
「はーい! これからはちゃんとみがきます!」
「みんなもちゃんとみがこうね」

続けよう! 毎日の生活に!!

環境として

保育室に置いておこう!
カバくんをいつでも使えるところに置いておきましょう。「歯みがきイヤだ!」が出たら、カバくんといっしょにみがいてみるといいですね。

いっしょにみがこう!

遊び

カバくんに歯みがき!
カバくんの歯をみがいてあげましょう。自分の歯をみがく意識につながっていきます。

みがいてあげてね
ここもだよ

ぶくぶくあっぷっぷ
歯みがきの後は、ぶくぶくうがいで口をゆすぎます。口をすぼめて力を入れる口輪筋の発達を促す、「♪にらめっこしましょ あっぷっぷ」遊びを取り入れてみましょう。口呼吸の予防にもなります。

あっぷっぷ

歯みがき 4・5歳児

2 歯みがきを楽しく伝えたい!

歯みがき隊になって歯みがきポーズで、みがき残しなく楽しくみがきましょう。

ちとせ保育園(横浜市)にて

準備物
歯ブラシ(実物)

知っておこう! 保護者へ向けても! 共有して、いっしょに生活習慣
▶生活習慣4コママンガはP.17〜18

● 歯みがきポーズ"子どもにe-みがき方"でみがこう:ひじを中心に動かすのは、5歳児ではまだ難しい動きです。ひじを片方の手で支えて安定させるとみがきやすいです。

● 20回ずつ、隣へ:みがき残しがないよう、順番を決めて隣へ隣へ20回ずつみがいていきます。みがき残しが多い利き腕と反対側の下の6歳臼歯からみがき始めるとよいでしょう。

いっしょに! 歯みがき隊 ハーミガクンジャーの歯みがきポーズ!

● 子どもと向かい合う場合、子どもと反対の手に歯ブラシを持つとわかりやすいです(右利きが多いので、写真では左手で持っています)。

1 歯みがきを利き手で持ち、ひじを曲げ、もう一方の手をひじに添える。

「歯みがき隊 ハーミガクンジャーに変身! 歯みがきポーズ! ワン!」

「ツー! ひじを曲げて。」

「スリー! あいてる手をひじに当ててね。」

2 下の奥歯からみがき始める。隣にずらして前をみがき、続いて反対側の奥をみがいたら、裏側をみがく。

「遠いところからみがくよ。ゆっくり20回みがこう。」

「次は、お隣をみがこうね。」

「端まで行ったら、裏側も遠いところからみがいてね。」

3 上の歯も遠いほうから、前、近いほうの奥。そして、裏側をみがく。

「次は上の遠いところからだよ。お隣へ行ってね。」

「反対側まで行ったら裏側もみがいてね。」

4 うがいをする。
「ほっぺたを大きく膨らませて、大きくブクブクブク!」

5 歯を見せる。
「きれいにみがけたかな?」「ニッ!」

続けよう! 毎日の生活に!!

環境として
鏡を見てみよう!
鏡を用意してみるのもいいでしょう。鏡を見ながら的確な位置をみがくのは難しくても、「きれいにみがけているかな?」「どこをみがくといいのかな?」という、意識の芽生えを大切にしましょう。

遊び
歌で楽しく!
左側(利き腕と反対側)からみがきます。1小節目の「下の歯」を「右の歯」「歯の裏」「右の歯」に替えて下の歯をみがけたら、左上へ移動し、「上の歯」「右の歯」「歯の裏」「右の歯」と順番にみがきましょう。

♪はみがきシュシュシュ♪

(『ごんべさんのあかちゃん』作詞者不詳/アメリカ民謡の替え歌)
(替え歌詞:編集部)

したの はみ がこう シュシュシュシュシュ
きれいに みがこう シュシュシュシュシュ おとな みがこう
シュシュシュシュシュ さあ きれいになった かな

⏰ 時間　4・5歳児

3 生活の中で時間の意識を身につけたい！

毎日の生活の中で時間や数字に興味や関心を持てるようにしていきましょう。

準備物

時計
▶P.33〜34

知っておこう！
保護者へ向けても！共有して、いっしょに生活習慣
▶生活習慣4コマママンガはP.18

- **4歳ごろ**：生活に結び付いた時刻に興味を持つようになります。9時に登園、12時に昼ごはんなど、毎日の生活と結び付けていきましょう。
- **5歳ごろ**：時間を意識しながら行動できるようになります。「1時になったらかたづけをする」など、次の活動へつなげていきましょう。
- **家庭で**：家庭でも、生活と時刻が結び付くようなことばがけをしましょう。

シアター 〇時になったら□□しようね！

1 クイズを出し、子どもの反応を見て時計を出す。
「長い針と短い針が追いかけっこをしているものなーんだ？」

2 数字を指さしながら、読む。
「正解は時計です。」
「数字があるね、いっしょに読んでみよう1、2、3……。」

3 長い針を1周動かし、短い針をゆっくり動かす。
「長い針は1、2、3と順番に回り12まで戻ってきます。短い針は、のんびり動きます。」

4 長針、短針を動かしながら
「長い針をグルッと回すと、短い針が少し動きます。」

5 時計の針を9時、12時、1時、3時…と動かし、問いかける。
「9時は登園時間、12時は？給食やお弁当の時間ですね。」
「1時は？昼寝」
「3時は？おやつ」

6 保育室にある時計を指したあと、時計を「1」にする。
「1になるまでにかたづけをしましょう。では時計をセットしますね。」

続けよう！毎日の生活に!!

環境として

次の活動への意識づけに
保育室にある時計の近くに置いておき、活動の目安になるようにしましょう。

「3」になったら給食の準備ね

遊び

時計で遊ぼう！
5歳児になると時計を見ながら過ごすことが増えてきます。
子どもたちに問題を出してみましょう。「3時はどこでしょう」「15分はどこでしょう」などと問いかけ、子どもたちに時計の針を動かして答えてもらいます。

15分はどこかな？

ままごと遊びにも！
ままごと道具のひとつに、時計を入れてみましょう。子どもたちが時計を見ながら、会話を交わしたりごっこ遊びをしたりして、楽しむ姿が見られるでしょう。

ごはんにしましょう

⏰ 時間　4・5歳児

4 早寝・早起きの意識を身につけたい！

早寝・早起きの大切さを知り、時間を意識して取り組めるようにしましょう。

準備物

時計
▶P.33〜34

知っておこう！　保護者へ向けても！共有して、いっしょに生活習慣
▶生活習慣4コマンガはP.18

●早起きから！：朝早く起きて太陽の光を浴びると、体内時計がリセットされます。人間の体内時計は24時間ではないので太陽の光がズレを調節してくれます。また脳ではメラトニンという物質が分泌され、穏やかな気持ちになります。早寝を心がければしぜんと早起きにつながり、規則正しい生活ができます。

シアター　朝の太陽の光でリセット!!

1 時計を見せながら

「朝は何時に起きた？」

2 子どもの反応を見ながら、針を動かす。

「8時？9時？10時？」
「昨日は何時に寝たかな？」

3 ぐるっと短い針を7時に持ってきて

「しっかり眠ることは大切なのよ。」

4 説明する。

「眠っている間に頭の中では、賢く、体を大きくするためのものが出てきて、体のいろいろなところで活躍します。」

5 太陽の光を浴びるしぐさをする。

「それから早く起きて太陽の光を浴びると、体の中も朝ですよということがわかって、ぼんやりすることがなくなるよ。」

6 時計の針を合わせながら

「みんなは何時に寝る？何時に起きる？」
「さあ今日はどうするか決めようね。」

続けよう！毎日の生活に!!

環境として

意識できるように！

保育室にある時計の近くに置いておき、目安になるようにします。
朝起きた時間をセットし、降園前に寝る時間をセットして、子どもたちが早寝・早起きの時間を意識できるようにしましょう。

時計を写そう！

早寝・早起きが意識できるように、時計をセットし、時計が書いてある紙（P.22参照）に子どもたちが自分で針を写してみましょう。
時間どおりに早寝・早起きができたら、シールをはったり色塗りをしたりして、達成した喜びが感じられるようにします。

遊び

何してる？

9時、10時と、1時間または10分ごとに針を動かし、何をしている時間か考えてみましょう。時間と行動をつなぎ合わせると、子どもたちの活動のしかたも変わってくるかもしれません。

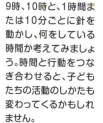

プール 3・4・5歳児

5 プールに入る日の約束を伝えたい！

プール遊びが安全に楽しくできるように、カードを使ってわかりやすく確認していきましょう。

準備物

生活カード
- はやくねよう
- はやくおきよう
- あさごはんをたべよう
- うんちをしよう

▶P.45〜50

ハツ切り色画用紙
カードをはる位置に両面テープをはっておく。

知っておこう！
保護者へ向けても！共有して、いっしょに生活習慣
▶生活習慣4コママンガはP.18

●**体調を整えよう！**：元気にプール遊びをするには、規則正しい生活をして、体調を整えておくことが大切です。早寝・早起きをして朝ごはんを食べ、約束を守ってプール遊びを楽しみましょう。子どもは10cmの水位でもおぼれることがありますので、十分に注意しましょう。

シアター プールの前のお約束

1 子どもに呼びかける。
「いよいよプール遊びが始まるね。」
「元気にプール遊びをするための約束を、みんなで考えてみよう。」

2 子どもたちに問いかけながら、はやくねようカードを出す。
「最初に何が浮かんでくる?」
「決まった時間に早く寝て、早く起きることですね。」

3 はやくねようカードをはり、はやくおきようカードを出す。
「早寝・早起き、朝起きて太陽の光を浴びると体が動きやすくなるからね。」

4 はやくねようカードをはり、あさごはんをたべようカードを出す。
「次は元気に園に行くためには、朝ごはんを食べること。」
「おなかがすいていたら力も元気も出ないね。」

5 あさごはんをたべようカードをはり、うんちをしようカードを出す。
「最後にうんちをしてくること。」

6 すべてのカードを見せながら
「たくさん約束をしたけど、大切なことだから、必ず守ってね。」

続けよう！毎日の生活に!!

環境として

保育室にはっておこう
いつでも見えるところにカードをはって、生活リズムが整えられるようにしましょう。準備を始める前に、クラス全員で確認することで、意識していくことができます。

遊び

メニューはなあに?
朝ごはんを意識するために、あさごはんをたべようカードを見せ、子どもたちにメニューを聞いていきます。ご飯やパンなどの食べ物カード(P.35〜40)をはっていってもいいですね。

毎日楽しく!
生活リズムが整うように健康チェック表(P.22参照)などを作り、できているものにシールをはったり、色塗りをしたりして達成感を味わい、次の意欲につながるようにしましょう。

手洗い 4・5歳児

6 手洗いの順番を伝えたい！手洗いを身につけたい！

手洗いは食事前、戸外から帰ったとき、トイレの後などに行ないます。洗い残しがないように歌に合わせて手洗いの順番を覚えましょう。

準備物
手洗い順番カード
①〜⑧　▶P.53〜56

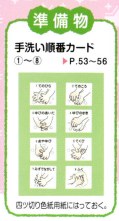

四ツ切り色紙用紙にはっておく。

知っておこう！ 保護者へ向けても！
共有して、いっしょに生活習慣
▶生活習慣4コマママンガはP.18・20

●**同じ手順で**：手洗いは病気予防につながります。手に付いたウイルスなどは鼻、口や目を触ったり食事をしたりして、体内に侵入してきます。正しい手洗いをすることでウイルスの侵入が減ります。指先、指の間、親指の周り、手首、手の甲の部分は、洗い残しが多い場所です。いつも同じ手順でしながら、洗い残しがないように気をつけましょう。

シアター　いっしょにピッカピカ!!

♪手洗いのうた♪

（『いとまき』作詞者不明／デンマーク曲の替え歌）
替え歌詞：永井裕美

1. てをあらおう てをあらおう きれいに しましょう
2. つめくるくる つめくるくる ゆびの あいだも
   おやゆび にぎって てくびも わすれずに

1 子どもに問いかける。

♪てをあらおう てをあらおう

みんなは、どのようなときに手洗いをしますか？

手洗いは病気のバイキンをやっつけるんだよ。洗い残しがないように手洗いの歌に合わせて、順番を覚えましょう。

2 手洗いカード①を見ながら手のひらをこすり合わせる。
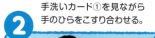
最初に水道の水で手をぬらし、石けんを泡立てて手のひらをこすり合わせます。

3 手の甲をこする。

♪きれいに しよう

洗い残しが多い場所です。手の甲を左右順番に洗います。

4 指先をこする。

♪つめくるくる つめくるくる

指の先やつめも泡でしっかり洗いましょう。

5 指の間をこする。

♪ゆびの あいだも

指の間もしっかり洗います。

6 親指をこする。

♪おやゆび にぎって

片方の手で親指を握って洗い、もう片方の手も同じように洗います。

7 手首をこする。

♪てくびも わすれずに

片方ずつ手首を洗います。

8 ⑦のカードを指し示し

流水で石けんを落とします。水道の栓にも石けんが付いているので両手で水をすくってきれいに流しておきます。

9 ⑧のカードを指し示し

タオルやハンカチで水分をふき取りましょう。

10 両手を広げる。

両手はきれいになったかな？やってみましょう。

続けよう！ 毎日の生活に!!

環境として

見えるところに

手洗い順番カードを、手洗い場の見える場所にはっておきましょう。順番を見ながら手洗いをすることができます。

遊び

歌で楽しく！

手遊びの要領でふだんから歌ってみましょう。しぜんと手洗いのときに口ずさむようになりそうです。

みんなで歌おう！

みんなで歌い、録音したものを流すのもいいですね。手洗いの意識がより高まるでしょう。待っている子どももいっしょに歌うことで、定着していくでしょう。

食事 2・3・4・5歳児

7 好き嫌いをする子どもに少しでも食べてほしい！

野菜などの苦手意識をなくして、何でも食べてみようとする気持ちが持てるようにしていきましょう。

準備物

- カバくん ▶P.25〜32
- 食べ物カード ▶P.35〜40

知っておこう！
保護者へ向けても！ 共有して、いっしょに生活習慣
▶生活習慣4コママンガはP.19

●**好き嫌いと味覚**：子どもがおいしいと感じるのは、味付けだけではなく、におい、形、舌触りなどいろいろあります。人は食べ物の味を舌で感じ、これは味覚と呼ばれ、甘味・塩味・酸味・苦味・うま味の5つの種類があります。甘味・塩味・うま味は必要な栄養素をとるために、苦味や酸味は、毒物や腐敗物など身体に悪そうなものを判別するためにあります。好き嫌いが出てきたのは、この味覚が発達してきているということです。

シアター 好き嫌いせず、しっかり食べよう！

① カバくんを出す。「今日はみんなにカバくんを応援してもらいたいの。」「実は苦手な食べ物があってね…」

② パンなど食べる。「さあカバくん、ごはんの時間だよ。」「いただきまーす。パクパクおいしいな」

③ カバくんは、ピーマンから顔をそむける。「プイッ!」「あっピーマンは嫌い。」

④ ピーマンのことを話す。「ピーマンを食べると体が元気になって、おなかも調子がよくなって、うんちも出やすくなるよ。」

⑤ 子どもたちの応援を聞きながら、ピーマンを食べる。「みんな、カバくんを応援してあげて。」「パクッ!」「カバくん、食べたね。」「がんばって！カバくん！」

⑥ 子どもたちに呼びかける。「みんなもなんでも食べて元気になろう。」「苦手な野菜も好きな野菜といっしょにすると、食べやすいよ。」

続けよう！ 毎日の生活に!!

環境として
いつでも手に取れるように
カバくんと食べ物カードを、保育室にコーナーを作って置いておきます。いつでも手に取れ、友達とかかわりながら食べ物に対しての意識が、しぜんについていきます。

遊び
パクパクアーン！
苦手な野菜は何？どうして苦手なのかな？ など会話をしながら、苦手意識を和らげてくいくようにします。子どもの苦手な思いを給食に生かすことができます。

野菜を描いてみよう
旬の野菜を思い出し、絵に描いてみましょう。野菜を食べると体によいことや、体が強くなったりすることを伝えるなど、食べてみようとする気持ちに向かうようにしていきましょう。

食事 4・5歳児

8 バランスよく食べよう！を伝えたい！

食材を3つの色のグループに分けると、体に取り込まれた後どのような働きをするのかがわかります。

準備物

食べ物カード（赤・黄・緑グループ）

▶ P.35～40

3色の台紙

カラー製作紙で作るとよいでしょう。
▶ 型紙は巻頭ポスター2枚目

知っておこう！ 保護者へ向けても！ 共有して、いっしょに生活習慣
▶ 生活習慣4コマまんがはP.19

● **三色食品群**：食品に含まれている栄養素や働きをわかりやすくするため、「三色食品群」、「五大栄養素」や「六つの基礎食品」などの食品分類法があります。園では三色食品群を使うとよいでしょう。赤色群は血液や肉をつくるもの、黄色群は力や体温になるもの、緑色群は体の調子を整えるものの三色です。

シアター　3つのグループの食べ物 食べて、元気いっぱい！

1 三色の台紙をはり、食べ物カードを出す。

みんなが食べているものは、3つの色に分けることができます。

2 赤色部分に、赤グループの食べ物カードをはる（チーズは置いておく）。

赤色は体を作る元になるもの。
肉、魚、たまご、牛乳、大豆、乳製品などがあります。

3 黄色部分に、黄グループの食べ物カードをはる。

黄色はエネルギーの元になるもの。
米、パン、めん類、イモ類、砂糖、油などがあります。

4 緑色部分に、緑グループの食べ物カードをはる。

緑色は体の調子を整えるもの。
野菜、キノコ類、果物です。

5 子どもに問いかける。

それでは、チーズは何色かな？
きいろー！ あかー！

6 子どもの声を聞いてはる。

牛乳でできているから赤色ですね、正解です。

続けよう！ 毎日の生活に!!

環境として

保育室にはっておこう！
保育室のよく見える場所にはっておきましょう。しぜんと三色の意味と食品が覚えられます。新しいものを付け足していってもいいですね。

遊び

三色に分けてみよう
当番やグループなどがあれば、給食の前後に献立表を見ながら、三色に色分けしていきましょう。どのような材料があったのか、体に対する働きなどがわかります。

カード遊び
食べ物カードを並べ、だれがはやく集められるか競争をします。三色の食材は数を合わせておきます。三人で好きな色を選び、早く集めた人の勝ちです。

食事 3・4・5歳児

9 給食、バランスよく入っているよ、残さず食べよう!

毎月給食のメニューは、栄養士が栄養価を考え、旬の物を入れるなどして、年齢に応じた内容になっています。

準備物
- お皿カード ▶P.41〜42
- 食べ物カード ▶P.35〜40
- 色画用紙
  八ツ切り色画用紙を半分に切り、段ボールなどにはっておくとよい。

知っておこう！ 保護者へ向けても！共有して、いっしょに生活習慣 ▶生活習慣4コママンガはP.19

●**献立表から**：給食の献立は、栄養バランスの取れた食事、アレルギーの子どもには代替食、子どもたちの健康維持など、食に関する興味が持てるように、毎月話し合いをして考えられています。献立表には材料や調味料などが詳しく書いてありますのでじっくり見てみましょう。

シアター 今日の献立何かな？

お皿カードに材料の食べ物カードを順番にはっていく。

「今日の給食のメニューは何かな？」
「材料は何が入っているのかな？」

続けよう！ 毎日の生活に!!

環境として
メニューの側に
今日のメニューとして展示してある場所に、はっておきましょう。実際に食べた物とメニューが結び付いてわかりやすいです。

遊び
何があるのかな？
メニューを決めて、使われている材料のカードを探しましょう。献立表を参考にすると、子どもたちもわかりやすいです。三色食品群と合わせると、よりわかりやすいです。

食事 3・4・5歳児

10 主食、主菜、副菜、汁物、配ぜんの意識をつけたい!

食器の配ぜんでは、食べやすいように並べ方に意味があります。食事の手伝いや当番のときなど、意識しながら並べられるようにしましょう。

準備物
- お皿カード  ▶P.41〜42
- 食べ物カード ▶P.35〜40
- 色紙用紙
  八ツ切り色画用紙を半分に切り、段ボールなどにはっておくとよい。

知っておこう！ 保護者へ向けても！共有して、いっしょに生活習慣 ▶生活習慣4コママンガはP.19

●**配ぜんとその理由**：食器の配置はご飯が左手前、汁物は右手前に置きます。右手ではしを持つと左手でお茶碗を持ちます。持ち上げる回数が多いため左手前に並べます。メインのおかずである主菜は右奥、副菜は左奥に置きます。食器を持ち上げずに手を伸ばして食べられるためです。おかずとごはんを交互に食べて、口の中で混ぜ合わせ、調和する食べ方を意識していきましょう。

シアター きちんと並べよう！

給食を食べる前に、食器をひとつずつはっていき、置く場所を確認しましょう。

「よく食べるご飯は左、汁物は右、魚や肉のメインは右奥、サラダや野菜の煮物は左奥です。」
「知っていたかな？さっそく給食の時間に確認してみましょう。」

続けよう！ 毎日の生活に!!

環境として
見える場所に
見える場所にはっておきましょう。給食係も配ってもらう人も確認できます。

遊び
ままごと遊びに
ままごと遊びでも体験できるように、食器をそろえておきます。子どもたち自身が体験することで、配ぜんが意識できるようになります。

食事　0・1・2・3・4・5歳児

11 よくかむ習慣を身につけたい！

かむという行為は体にどのような影響を与えるのかを知るきっかけになります。

準備物
- カバくん　▶P.25〜32
- 食べ物カード　▶P.35〜40

知っておこう！　保護者へ向けても！共有して、いっしょに生活習慣
▶生活習慣4コママンガはP.19

● **30回かもう！**：かむことは体にとって、とても大切です。近年、食生活の変化により、固い物をかむことが減り、あごが細くなり、歯並びにも影響してきています。かむことは、唾液の分泌も促し、虫歯の予防にもつながります。ほかにも、心が落ち着いたり脳の満腹中枢から指令が出て食べすぎを防いでくれます。ひと口で30回かむようにしましょう。

シアター　モグモグよくかもう！

1 カバくんが食べ物を食べる。
「カバくんごはんの時間ですよ。」「はーい！それではいただきます。」

2 カバくんをパクパク動かす。
「カミカミゴックン」「ちょっとカバくん飲み込むのが早すぎるよ。しっかりかんで食べないと詰まるよ。」

3 のどに詰まらせたカバくんの背中をたたくまねをする。
「だいじょうぶ？」「平気さ。カミカミゴックンうっ！苦しい」　とんとん

4 カバくんに呼びかける。
「あーびっくりした。」「30回くらいかむのを意識して食べてみようね。」「うん、わかった。」

5 説明をする。
「よくかんで食べると、体にいいことばかりだからね。」「たくさんかむとつばが出て、虫歯になりにくいそうよ。」

6 説明をする。
「ほかにも、心が落ち着いたり、おなかがいっぱいになったよーと知らせてくれ、食べすぎを防いでくれるよ。」「食べ物の味もよくわかるからしっかりかんでね。」

続けよう！毎日の生活に!!

環境として

いつでもカバくん
保育室の見える場所にカバくんと食べ物を置いておきます。好きなときに触って体験できるようにしておきましょう。

遊び

30回を数えてみよう
保育者が言葉に出して30回を数えてみましょう。早食いや食べすぎを防ぐためにも、しっかりかむことが大切です。感覚をつかめるようにしてみましょう。

口の周りの筋肉も鍛えよう
顔ジャンケンや口を使ってにらめっこをするなど、遊びを取り入れて顔の筋肉を意識して使うようにしましょう。

排せつ 3・4・5歳児

12 食べたら、体の中を通ってうんちになることを伝えたい！

食べ物は口に入ったらすぐうんちになるのかな？
体の中はどうなっているのでしょうか。

準備物

体の中ポスター
▶巻頭ポスター1枚目

食べ物カード　うんち
表⇔裏
▶P.35〜40　▶P.41

知っておこう！
保護者へ向けても！
共有して、いっしょに生活習慣
▶生活習慣4コママンガはP.20

● **うんちの秘密**：うんちの8割は水で残りが食べ物のカスや細菌、死骸、古くなった腸内の粘膜です。食べ物は口に入ると分解されて胃で溶かされてから十二指腸へ行きます。消化吸収されなかった食べ物や吸収できない成分、細菌の死骸、細胞の死骸などが腸に残り、うんちとなって排出されます。

シアター　食べたらうんちに変身!!

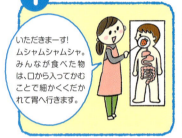

1. 食べ物カードで、体の中ポスターの口からのどをたどる。

「いただきまーす！ムシャムシャムシャ。みんなが食べた物は、口から入ってかむことで細かくくだかれて胃へ行きます。」

2. 胃、腸を通り、最後に裏返してうんちにする。

「いろいろ通って、栄養が取り込まれたあとのカスなどがうんちとなって、外へ出てきます。」

続けよう！毎日の生活に!!

環境として

保育室にはっておこう！
体の中ポスターをはります。口から入った食べ物がいろいろなところを通っていくのがよくわかります。臓器の名前を知るきっかけにも。

遊び

『どこだ？どこだ？』
♪どこだ　どこだ　おなかはどこだ？　ここ！
♪どこだ　どこだ　いはどこだ？　ここ！

胃はこの辺？　腸は？『おちたおちた』（わらべうた）の替え歌に合わせて、自分の体を触ってみましょう。

排せつ 3・4歳児

13 トイレットペーパーのちぎる長さを知らせたい！

適切な長さはどれくらい？　わかりやすいイラストを利用して長さの感覚を覚えましょう。

準備物

キリンさん
▶巻頭ポスター2枚目
トイレットペーパーやスズランテープ

知っておこう！
保護者へ向けても！
共有して、いっしょに生活習慣
▶生活習慣4コママンガはP.20

● **ちぎって使おう！**：トイレの詰まる原因でもっとも多いのが紙詰まりです。トイレットペーパーはグルグルに巻いて使うと紙詰まりの原因になるので、できれば切り離した物を重ねて使うようにしましょう。長さは大人や子ども、使う用途によって違いますが、長さをある程度決めて使うようにするとむだが減ります。

シアター　キリンさんといっしょ！

トイレットペーパーをキリンの首の長さまで出して切り、キリンに並べてはります。スズランテープも切ってはってみましょう。

「トイレットペーパーはキリンさんといっしょの長さで切ってね。」
「1回で使う長さだから、覚えておいてね。」

続けよう！毎日の生活に!!

環境として

トイレにはっておこう
トイレにはって、子どもが楽しみながら自分で切れるようにしましょう。2歳児には、あらかじめトイレットペーパーをちぎって置いておくとよいでしょう。

遊び

ちぎって遊ぼう！
本物のホルダーを使ったり手作りしたりして、実際に手を添えてちぎってみましょう。2歳児などペーパーをちぎれない子どもたちの練習になります。

排せつ 2・3・4・5歳児

14 洋式トイレ、忘れやすい手順をおさらい!

集団生活をする中で、使い方の共通理解をすすめて、トイレに安心して行けるようにしましょう。

準備物

ウサギ　トイレ順番カード①〜⑤
▶P.45　▶P.49〜52

知っておこう!
保護者へ向けても!　共有して、いっしょに生活習慣
▶生活習慣4コママンガはP.20

● **初めてのトイレ**：初めてのトイレは不安がいっぱいです。便器を見るのも、座るのも、不思議な体験だらけです。家と園との違いもあります。不安な気持ちを受け止めていきましょう。

● **慣れてきても**：慣れてきても、手順を忘れることもあります。そのつど、おさらいをしながら覚えていけるようにしましょう。

シアター　トイレに入ったら忘れないでね

1 ウサギを出し、問いかける。
「うんちをしたらどうするのかな?」

2 ①おしりをふこうカードを出す。
「トイレットペーパーをちぎって、おしりをふこうね。」

3 ②みずをながそうカードを出す。
「そして、水を流すよ。うんち、バイバイ!」

4 ③てをあらおうカードを出す。
「トイレが終わったら手を洗おうね。」

5 ④手をふこうカードを出す。
「タオルやハンカチで手をふきます。」

6 ⑤スリッパをそろえようカードを出す。
「スリッパをそろえましょう。次に使う人がはきやすいようにします。忘れないでね。」

続けよう!　毎日の生活に!!

環境として

いつでも見られるように
トイレ順番カードをはって、いつでも見られるようにしておきます。見えるところにはることで、安心できます。

ひとりひとりを見守って
トイレに慣れるまでは、子どもに合わせて配慮をしていきます。ことばがけやトイレ順番カードを確認するなどしていきましょう。

遊び

トイレの使い方を確認しよう
スリッパをそろえることや水を流すことなど、子どもたちが忘れてしまいがちな動きを、クイズ形式にしてもいいですね。

清潔 3・4・5歳児

15 くしゃみ、せきは、バイ菌が飛ぶよ

くしゃみやせきの飛沫は思ったより飛びます。日ごろから手で覆うなどのマナーが身につくようにしておきましょう。

準備物

- くしゃみカード（裏から手をはる。）
- バイキン（2mの紙テープの先に付けて巻いておく。）▶P.43〜44

知っておこう！ 保護者へ向けても！ 共有して、いっしょに生活習慣 ▶生活習慣4コマンガはP.20

●こんなに飛ぶよ！：手で覆わずにくしゃみやせきをした場合、口から出た唾やウイルスは、せきでは2メートルぐらい、くしゃみでは3メートルぐらい飛びます。周りにいる人の手や髪の毛などいろいろな場所に飛び散ります。かぜやアレルギーなどでせきやくしゃみが出やすいときは、マスクを着けるか口を手で覆ってするように心がけましょう。

シアター ダメダメ！ 押さえてね

1. くしゃみカードをはり、バイキンを見せる。
   「みんながせきやくしゃみをしたとき、口から出る唾やバイキンはどこまで飛ぶと思う？」

2. 紙テープの先を口元にはり、伸ばす。
   「せきは、2メートル。こんなに飛ぶよ。」
   「周りにいる友達に唾やバイキンがかかっているのがわかるね。」

3. くしゃみカードをはがし、口元を手で押さえる。
   「くしゃみやせきが出るときは、口を手で押さえようね。」

続けよう！ 毎日の生活に!!

環境として
実際の長さを実体験
2メートルの紙テープなどを壁にはっておきましょう。唾などがどれくらい飛ぶのか常に意識できるようにします。

遊び
友達といっしょに！
2メートルの距離がわかるように、友達とひもやスズランテープなどを持ってみましょう。両手を伸ばして手をつないで、比べてみてもいいですね。

清潔 3・4・5歳児

16 鼻をかんだら手を洗おう

鼻水にはウイルスや細菌が含まれています。手洗いをすることで感染予防になります。

準備物
ティッシュペーパー1枚

知っておこう！ 保護者へ向けても！ 共有して、いっしょに生活習慣 ▶生活習慣4コマンガはP.20

●ウイルスの移り方：鼻をかむ、鼻を手でこする、くしゃみやせきをしたとき手で覆うなどの行為の後は、手にたくさんウイルスが付着しています。手を洗わずにドアノブやいろいろな場所を触ると、ウイルスが付きその場所を別の人が触ることでウイルスが手に移り、鼻や口を触って感染します。手洗いは大切ですね。

シアター フーン！のあとは手を洗おう！

1. ティッシュペーパーで鼻をかんでいるしぐさをする。
   「みんなは鼻水が出たときどうする？」
   「ティッシュペーパーでふきますね。」

2. 手を洗うことを伝える。
   「その後は？ ティッシュペーパーを使っても手にはいっぱいウイルスが付いているから、手洗いをしましょうね。」

続けよう！ 毎日の生活に!!

環境として
ごみ箱近くなどに
てをあらおうカードやバイキンカードをごみ箱近くの壁などにはって、鼻水をかんで捨てた後の手洗いを促していきます。

遊び
『でるよ でるよ』
『おちたおちた』（わらべうた）の替え歌に合わせて、しぐさをして動作を楽しく身につけましょう。

♪でるよ でるよ なにがでるの？ あくび！
♪でるよ でるよ なにがでるの？ くしゃみ！

あくび　せき　くしゃみ

ほかにもいろいろ

17 あいさつをしよう

知っておこう！ 保護者へ向けても！
共有して、いっしょに生活習慣
▶生活習慣4コママンガはP.21

●**あいさつとは**：あいさつとは人に会ったり別れたりするとき、儀礼的に取り交わす動作や言葉です。心を通わせるきっかけにもなります。

準備物
指人形2つ
▶P.41

シアター あいさつは気持ちいいね

1 両手のひとさし指に指人形を付け、胸の前に出す。

「おはよう 今日もいっしょにあそぼうね。」
「おはよう うん遊ぼうね。」

2 指人形を上下に動かす。

「自分から声を出すのって勇気がいるけど、言ってしまえば気持ちいいね。」

3 子どもに問いかける。

「ほかにはどんなあいさつがあるか、みんなで考えてみよう。」

環境として
ごっこ遊びで
保育室にコーナーを作り、指人形を置いておきます。ごっこ遊びを通して、「いただきます」「ありがとう」などいろいろな場面のあいさつをして遊びましょう。

続けよう！ 毎日の生活に!!

---

18 朝ごはんを食べよう

知っておこう！ 保護者へ向けても！
共有して、いっしょに生活習慣
▶生活習慣4コママンガはP.21

●**朝ご飯の力**：朝食を抜くと集中力、記憶力の低下やイライラなどが起こります。脳のエネルギーが欠乏しているからです。朝からしっかりごはんを食べて、1日元気に過ごせるようにしましょう。

準備物
ペープサート：ウサギ
あさごはんをたべようカード
▶P.41・49 あさごはんをたべないと…カード

シアター 朝ごはんで元気！

1 ウサギを出す。

「今朝、朝ごはんを食べてきた？」

2 あさごはんをたべないと…カードを出す。

「朝ごはんを食べないと力がでないよ。」

3 あさごはんをたべようカードを出す。

「朝ごはんを食べると、頭と体が元気になっていくよ。1日を元気に過ごすためには、朝ご飯をしっかり食べてきてね。」

環境として
いつでも意識できるように
保育室にカードをはっておきましょう。また、朝ごはんに食べるとよいメニューをはっておくのもいいですね。

---

19 姿勢を正そう

知っておこう！ 保護者へ向けても！
共有して、いっしょに生活習慣
▶生活習慣4コママンガはP.21

●**よい姿勢は**：姿勢のゆがみは、肩こりや腰痛を引き起こし、背骨がゆがみ肺を圧迫して呼吸が浅くなり集中力も低下します。ゆがんだ背筋は内臓も圧迫します。意識して姿勢を正すことが大切です。

準備物
ペープサート：クマ
よいしせいカード
▶P.45・47 わるいしせいカード

シアター よい姿勢をしよう！

1 クマを出して、子どもたちに問いかける。
「みんなはよい姿勢ができているかな？」
「座ったときや立って話を聞くときの姿勢はどうかな？」

2 わるいしせいカードを出す。
「背筋が曲がっていないかな？」

3 よいしせいカードを出す。

「背筋をピンッと伸ばしましょう。イスのときは両足を床に着けて頭のてっぺんを天井に、おなかとおしりを引っ込めるといいよ。よい姿勢になるようにしようね。」

環境として
いろいろな場面の姿勢
ほかにも立ったときの姿勢、歩くときの姿勢など、いろいろな場面を見てみましょう。少しでも意識できるよう、カードの姿勢をしたときにみんなで確認してもいいですね。

ほかにもいろいろ

20 つめを切ろう

知っておこう！ 保護者へ向けても！
共有して、いっしょに生活習慣
▶生活習慣4コママンガはP.21

●**つめのお仕事**：つめは一日に0.1〜0.15ミリくらい伸びると言われています。個人の体調、体質や季節によって違ってきます。つめがあるおかげで、細かいことをしたり指先を動かしたりできます。

準備物 指人形
つめがのびたら…カード
▶P.41・47 つめをきろうカード

シアター つめを切らないと…

1 指人形を子どもたちに向け、ひとりひとりのつめを見ていく。
「今日はみんなのつめを見せてください。」

2 つめがのびたら…カードを出す。
「つめが長いと大変なことが起きます。つめにゴミ、ほこりやバイ菌が入って肌の病気になることがあります。ほかにも友達につめが当たって傷つけたり、割れたりひびが入ったりすることもあります。」

3 つめをきろうカードを出す。
「長くなったらおうちの人に切ってもらってね。」

環境として

保育室にはっておこう
保育室につめをきろうカード、つめがのびたら…カードをはっておきます。つめチェック表（P.22参照）などを作り、週の始めにみんなで見せ合って表にシールをはるのも意識できるきっかけになります。

続けよう！ 毎日の生活に!!

21 持ち物には名前を書いておこう

知っておこう！ 保護者へ向けても！
共有して、いっしょに生活習慣
▶生活習慣4コママンガはP.21

●**名前を書こう！**：園にはたくさんの子どもたちが集まります。同じコップやタオルを持っている可能性もあります。名前以外にもマークや印があると子どもたちもわかりやすいです。

準備物 ペープサート：ウサギ
ハンカチ
▶P.45

シアター 名前はどこ？

1 ハンカチを出す。
「落とし物です。だれのかな？あれ、名前がないからわからないね。」

2 ウサギを出す。
「あっ わたしの！」
「ウサギちゃんのだったのね。ハンカチに名前が書いてあれば、持ち主に返すことができるから、持ち物に名前を書いておくのって大事だね。」

3 子どもたちに呼びかける。
「ハンカチ、ティッシュペーパー、タオル、コップ、袋…いろいろあるけど、みんなの持ち物はだいじょうぶ？」

環境として

持ち物表で確認しよう
持ち物表（P.22参照）などを作り、持ち物に名前を書いておくことや、名前が見えやすい場所を示すなどして、みんなに知らせていきましょう。

22 今月の目標を決めよう

知っておこう！ 保護者へ向けても！
共有して、いっしょに生活習慣
▶生活習慣4コママンガはP.21

●**意識を持って！**：5歳児になると、意識をもって生活を送れるようになります。子どもたちといっしょに話し合って決めてもいいですね。

準備物 ペープサート：クマ
生活カード
▶P.45〜50（はやくねようカードなど）

シアター 今月の目標をいっしょに！

1 クマを出す。
「ぼくは、朝なかなか起きれないんだ…」

2 はやくねようカードを出す。
「早く寝ようよ。そうすると早く起きられるよ。」

3 はやくおきようカードを出す。
「今日からがんばる。」
「早く起きると元気な体になるよ。みんなも今日からがんばってみようね。」

環境として

保育室にはっておこう！
今月の目標にするカードを見えるところにはっておきましょう。毎日目にすることで、意識的になっていきます。

保護者に伝える 生活習慣4コママンガ

コピーして使える！知っておこう！伝えよう！保護者といっしょに！

P.2〜16のシアターの園での実践や「知っておこう！」のコーナーの内容を、保護者にも楽しく伝えるために、わかりやすく4コママンガにしました。コピーしておたよりにはり付けてお使いください。

※ご使用は、園内配布のおたよりにとどめてください。特にホームページなどwebへの掲載はご遠慮ください。

一度コピーして切り離して、お使いください！

本の角をコピー機の角に合わせて100％コピーすると、→この線がB5判の大きさです。

保護者に伝える
生活習慣4コマンガ

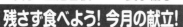

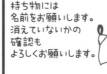

コピーして使える！
生活習慣チェック表 など

本文P.2～16の環境や遊びの中で紹介している表などです。
一度100%コピーをしてから切り離し、拡大コピーをしてお使いください。

- 125%拡大…八つ切り画用紙の1/2にはるとよい大きさ
- 180%拡大…八つ切り画用紙の1/4にはるとよい大きさ
- 250%拡大…八つ切り画用紙の1/8にはるとよい大きさ

本の角をコピー機の角に合わせて100％コピーすると、←この線がB5判の大きさです。

▼ P.5 ④早寝・早起きの意識を身につけたい！

はやね・はやおきをしよう　なまえ

🌙 ねるじかん　　☀ おきるじかん

	/	/	/	/	/	/	/	/	/	/	/	/	/	/
ねる														
おきる														

▼ P.6 ⑤プールに入る日の約束を伝えたい！

🌷 **けんこうチェック** 🌷　なまえ

がつ/にち	ねるじかん（　じ）	おきるじかん（　じ）	あさごはん	はいべん	つめ	ねつ
/						
/						
/						
/						
/						
/						
/						

▼ P.16 ㉑持ち物には名前を書いておこう

もちものもったかな？　なまえ

がつ/にち	ハンカチ	ティッシュ	なふだ	コップ	タオル
/					
/					
/					
/					
/					
/					

▼ P.16 ⑳つめを切ろう

❀ **つめをきろう** ❀

がつ　　　なまえ

ひにち	○ ×	かくにん

手で切り離せる!! シアターグッズの作り方・使い方

P.25～55に、P.2～16のシアターページで使えるグッズがあります。ミシン目入りなので、簡単に手で切り離せます。両面テープではり付けます。さらにセロハンテープを上からはると補強できます。

※巻頭ポスターは、ハサミをご使用ください。

巻頭ポスター　体の中ポスター

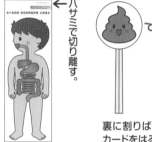

ハサミで切り離す。

P.41～42　うんち　使用ページ P.12

裏に割りばしと食べ物カードをはる。

巻頭ポスター　キリンさん　使用ページ P.12

細い線に沿ってハサミで切り取って使う。

P.25～32　カバくん　使用ページ P.2・8・11

※両面テープではり付けます。さらにセロハンテープをはると補強できます。

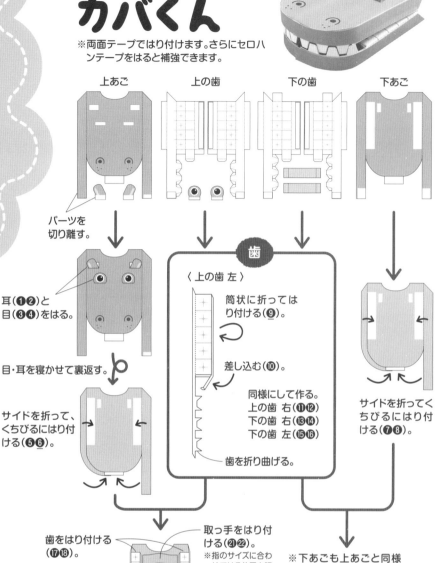

パーツを切り離す。

耳(❶❷)と目(❸❹)をはる。

目・耳を寝かせて裏返す。

サイドを折って、くちびるにはり付ける(❺❻)。

〈上の歯　左〉
筒状に折ってはり付ける(❾)。
差し込む(❿)。
同様にして作る。
上の歯　右(⓫⓬)
下の歯　右(⓭⓮)
下の歯　左(⓯⓰)
歯を折り曲げる。

サイドを折ってくちびるにはり付ける(❼❽)。

歯をはり付ける(⓱⓲)。

取っ手をはり付ける(㉑㉒)。
※指のサイズに合わせてはる位置を調整してください。

内側からくちびるにはり付ける(⓳⓴)。

※下あごも上あごと同様に歯(㉓㉔㉕㉖)と取っ手(㉗㉘)をはり付ける。

歯の根元を上下はり付ける(㉙㉚)。目と耳を起こして、できあがり!

上と下の取っ手に、それぞれひとさし指と中指を入れて、動かします。

P.33～34　時計　使用ページ P.4・5

※両面テープではり付けます。さらにセロハンテープをはると補強できます。

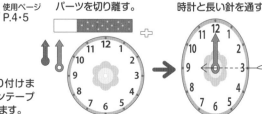

パーツを切り離す。
時計と長い針を通す。
短い針(❶)をはる。

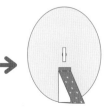

裏からつい立てをはって(❷❸)、でき上がり!

24　手で切り離せる!!
シアターグッズの作り方・使い方

P.35〜40 食べ物カード
使用ページ P.9・10・11・12

赤　黄　緑

パーツを切り離す。

↓

 ← 台紙などにはり付けるときは、丸めたセロハンテープを裏に付ける。

巻頭ポスター2枚目 三色食品群 台紙用型紙
使用ページ P.9

 コピーして型紙として使う。

↓

 赤・黄・緑の三色の台紙を切り、裏からセロハンテープではり合わせる。

 カラー製作紙を使うと、食べ物カードをはったりはがしたりしやすい。

P.41〜42 お皿カード
使用ページ P.10

 パーツを切り離す。

↓

 ← 台紙などにはり付けるときは、丸めたセロハンテープを裏に付ける。

P.41〜42 指人形
使用ページ P.15・16

パーツを切り離す。

絵の部分も曲げながらはるとよい。

指の幅に合わせて巻いてはり付ける。

P.43〜44 くしゃみ＆バイキン
使用ページ P.14

パーツを切り離す。

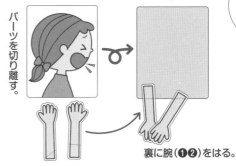

裏に腕（❶❷）をはる。

 2m or 3mの紙テープを裏にはり付ける。

P.45〜46 ペープサート
使用ページ P.13・15・16

絵人形を切り離す。

↓

 裏に割りばしをはる。

P.45〜50 生活カード
使用ページ P.6・15・16

P.49〜52 トイレ順番カード
使用ページ P.13

↓ カードを切り離す。 ↓

●カードのまま使ってもOK！ 台紙にはり付けるときは、丸めたセロハンテープを裏にはり付ける。

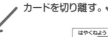

●ペープサートにするときは、裏に割りばしをはる。

P.53〜56 手洗い順番カード
使用ページ P.7

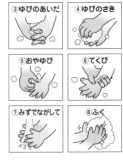

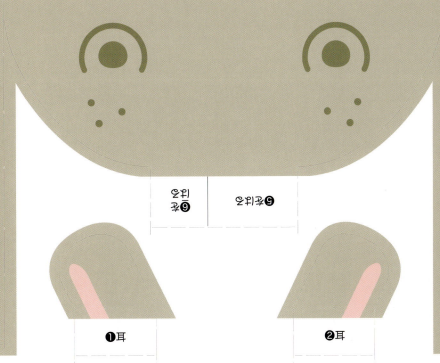

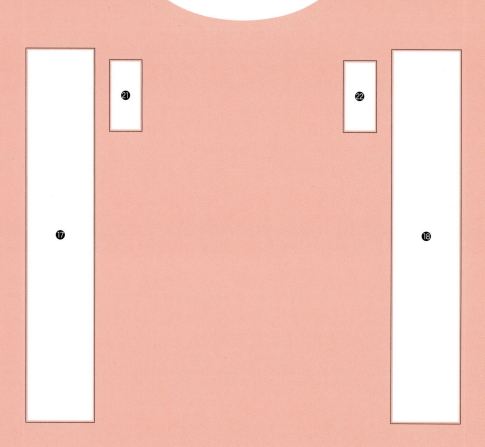

歯みがき カバくん 2 　上の歯

P.2 ❶歯みがきが大切なことを伝えたい！
P.8 ❼好き嫌いをする子どもに少しでも食べてほしい！
P.11 ⓫よくかむ習慣を身につけたい！

食事 カバくん 2

㉚　　　　　　　　　　　　　　　　　　㉙

⓫をはる　❾をはる

㉘
をはる

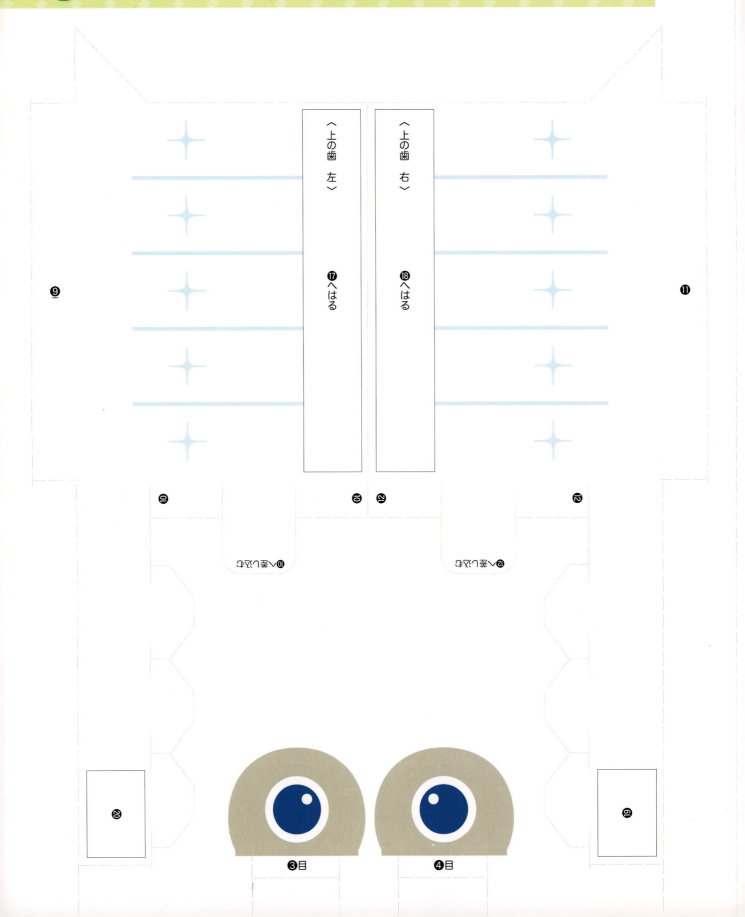

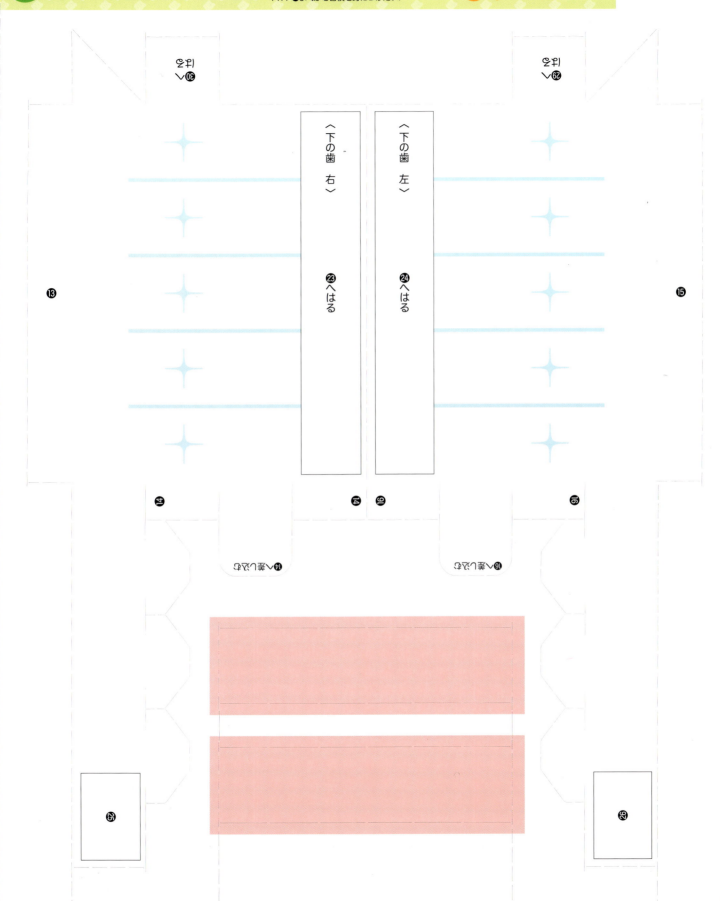

30 歯みがき **カバくん** 3　下の歯

P.2 ❶歯みがきが大切なことを伝えたい！
P.8 ❼好き嫌いをする子どもに少しでも食べてほしい！
P.11 ⓫よくかむ習慣を身につけたい！

食事 **カバくん** 3

⓯をはる　⓭をはる

㉒へはる　㉑へはる

㉘へはる　㉗へはる

㉙をはる

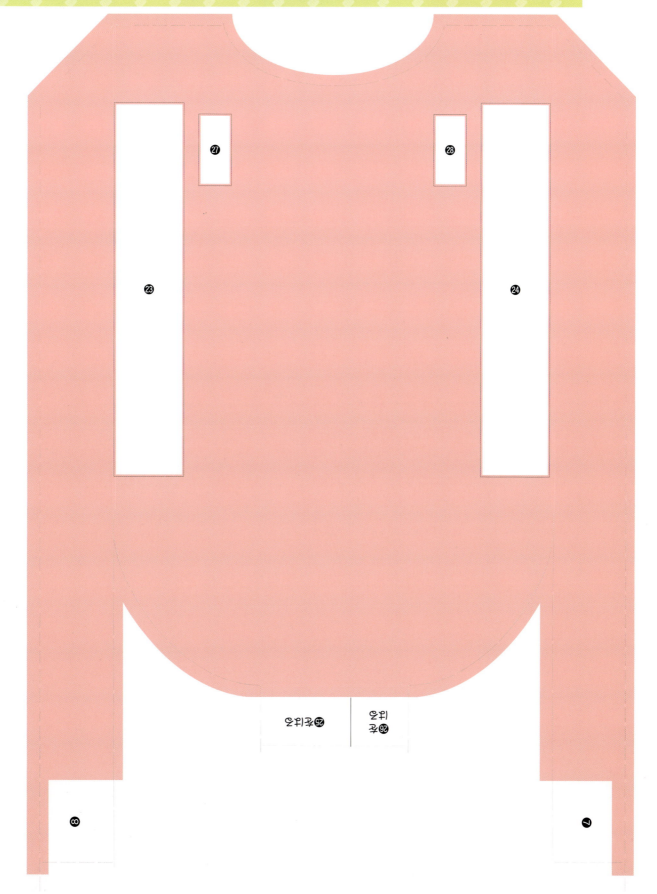

32 歯みがき **カバくん** 4 　下あご

P.2 ❶歯みがきが大切なことを伝えたい！
P.8 ❼好き嫌いをする子どもに少しでも食べてほしい！ 食事 **カバくん** 4
P.11 ⓫よくかむ習慣を身につけたい！

時間 **時計**　P.4 ❸生活の中で時間の意識を身につけたい！
P.5 ❹早寝・早起きの意識を身につけたい！

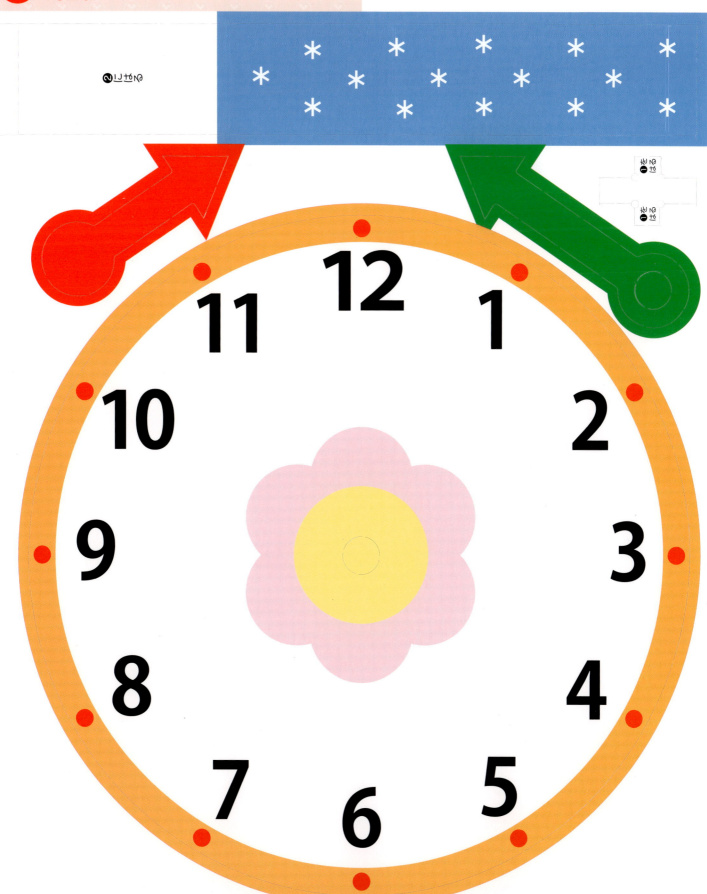

34

時間 **時計**　P.4 ❸生活の中で時間の意識を身につけたい!
　　　　P.5 ❹早寝・早起きの意識を身につけたい!

❸とけい

❶

❶

❸

❷

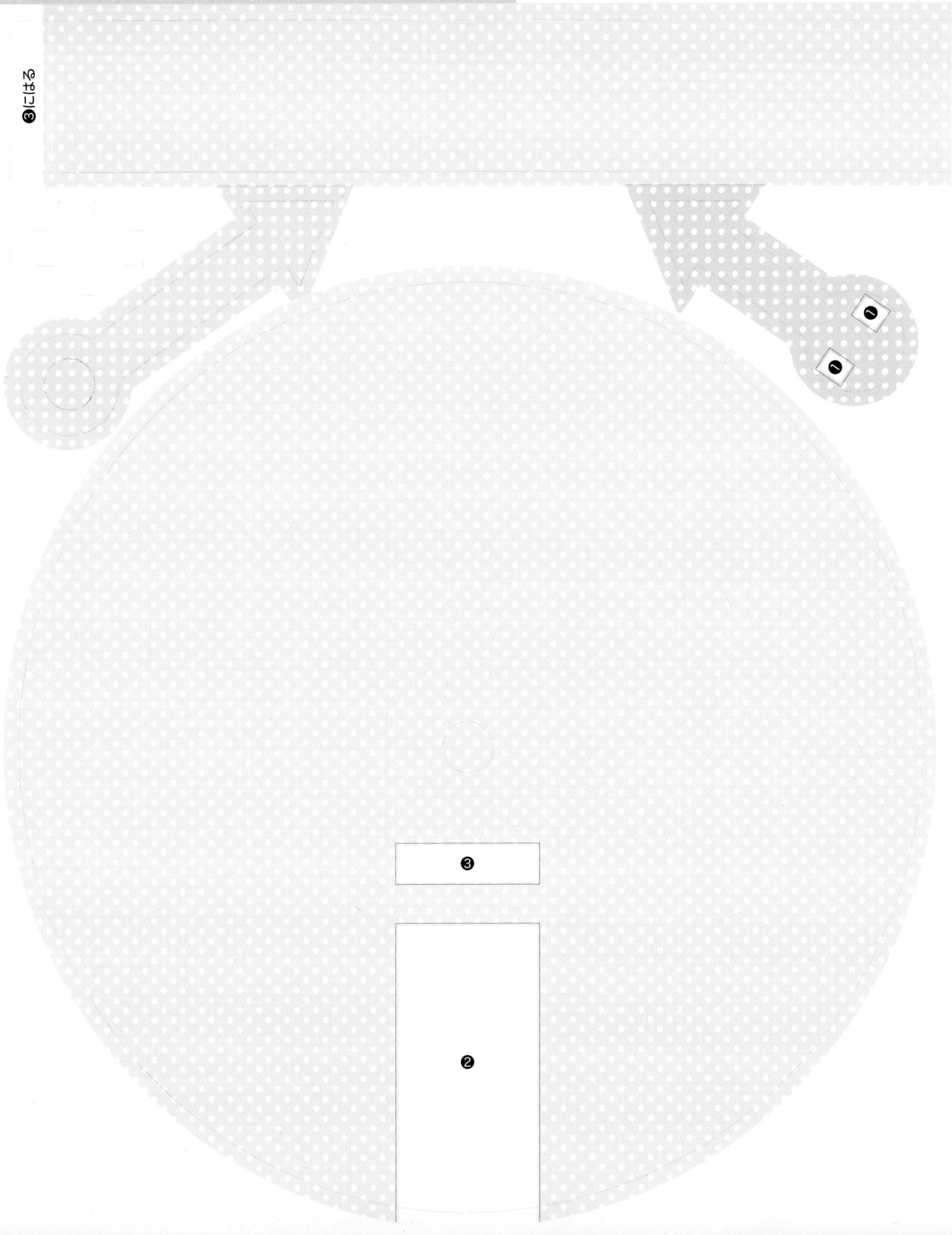

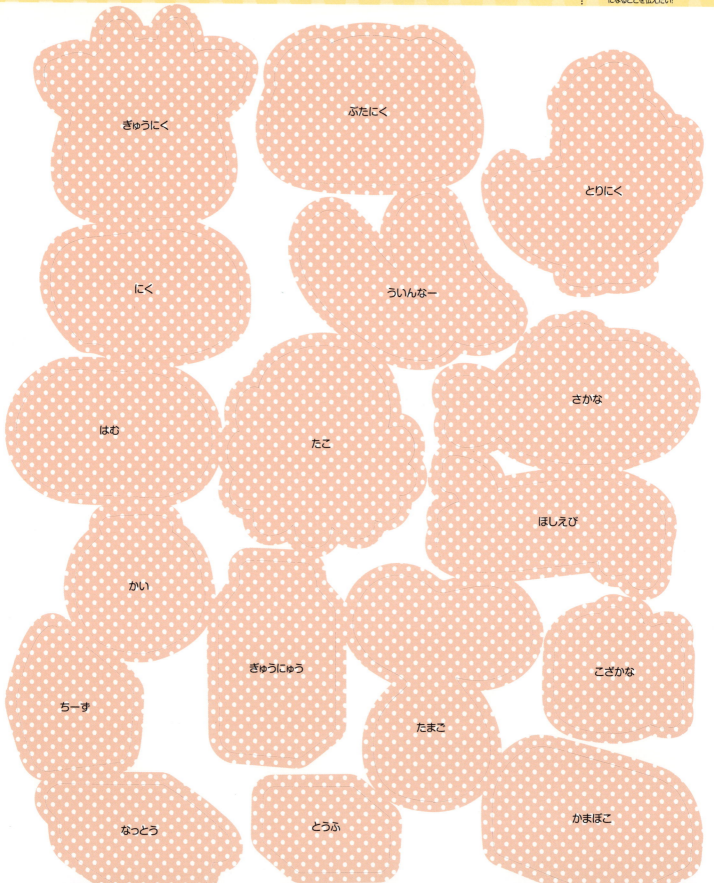

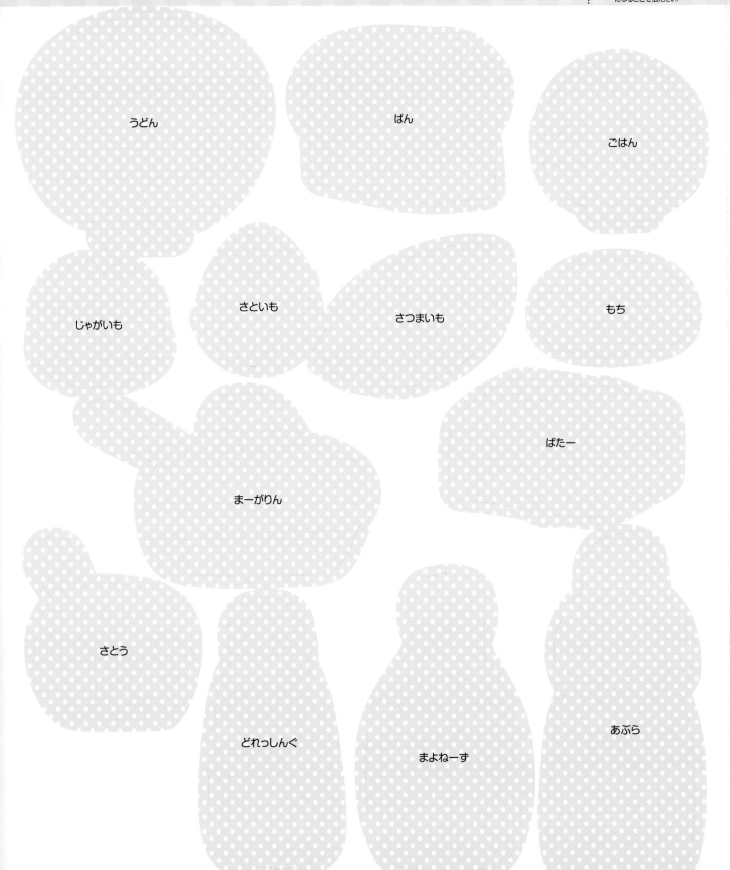

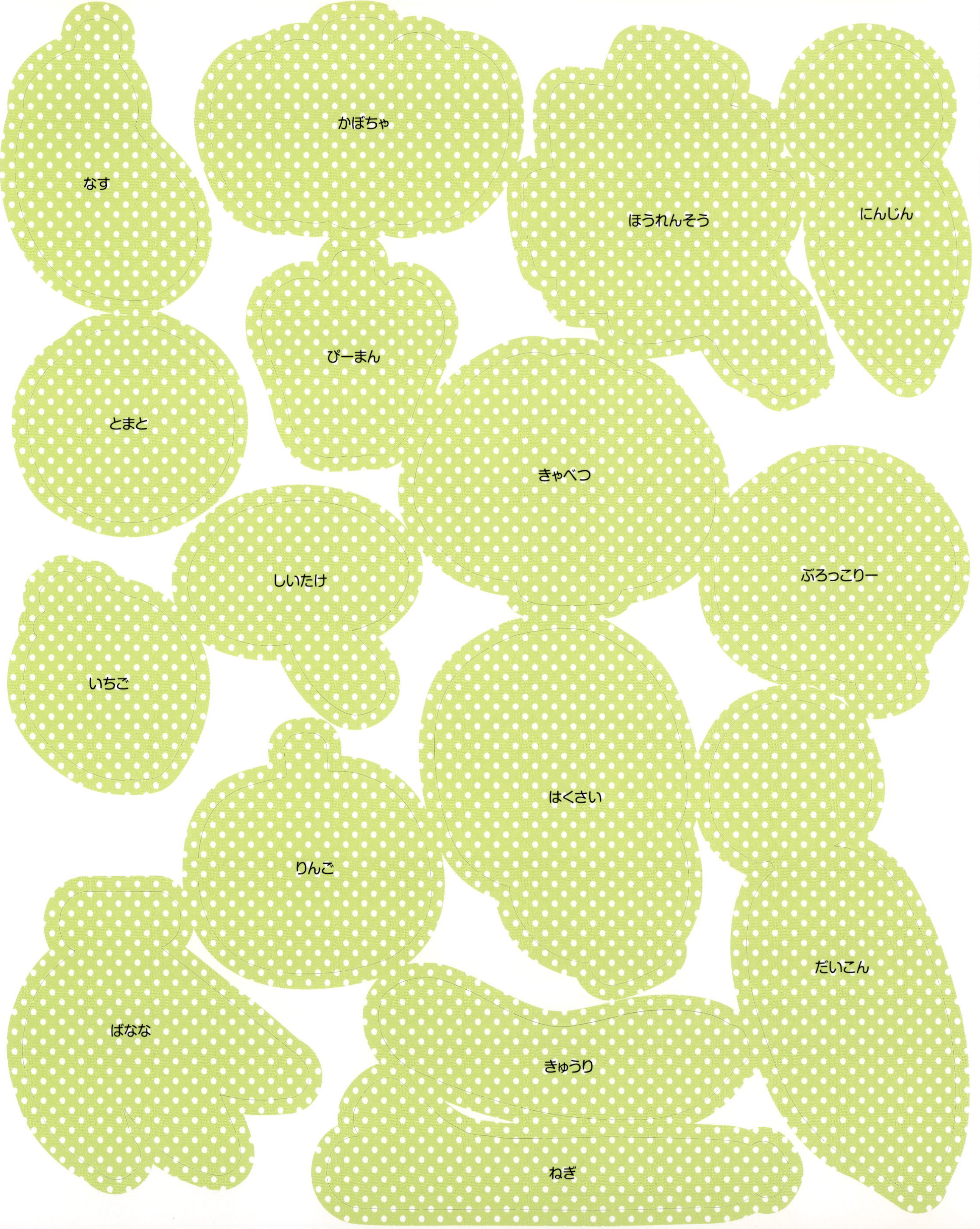

食事 食べ物カード 緑グループ

P.8 ❼好き嫌いをする子どもに少しでも食べてほしい！ P.9 ❽バランスよく食べよう！を伝えたい！
P.10 ❾給食、バランスよく入っているよ、残さず食べよう！
❿主食、主菜、副菜、汁物、配ぜんの意識をつけたい！ ⓫よくかむ習慣を身につけたい！

排せつ 食べ物カード❸

P.12 ⓬食べたら、体の中を通ってうんちになることを伝えたい！

- なす
- かぼちゃ
- ほうれんそう
- にんじん
- ぴーまん
- とまと
- きゃべつ
- しいたけ
- ぶろっこりー
- いちご
- はくさい
- りんご
- だいこん
- ばなな
- きゅうり
- ねぎ

42

食事 お皿カード P.10 ❾給食、バランスよく入っているよ、残さず食べよう！
⓾主食、主菜、副菜、汁物、配ぜんの意識をつけたい！

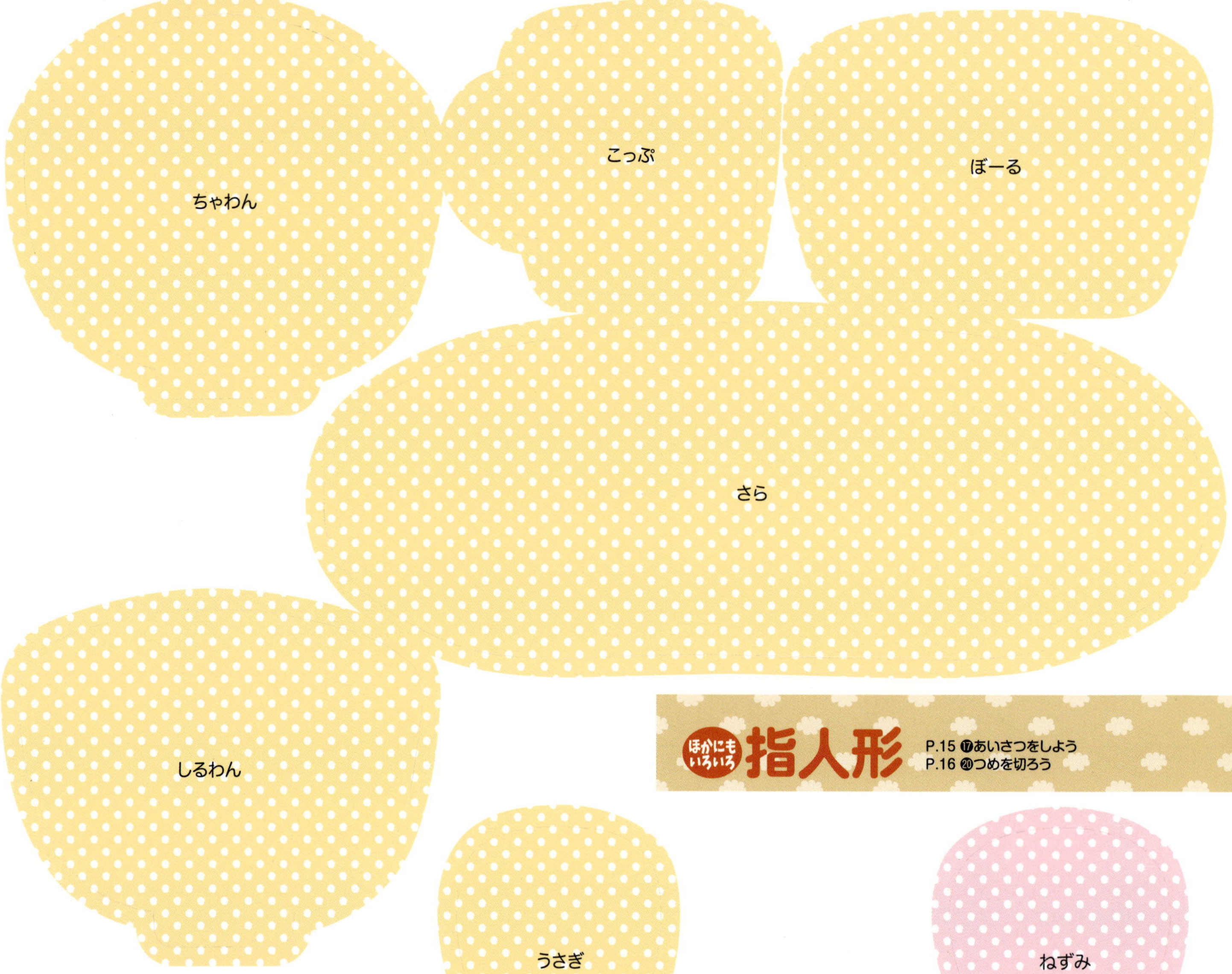

ちゃわん

こっぷ

ぼーる

さら

しるわん

ほかにも いろいろ 指人形 P.15 ⓱あいさつをしよう
P.16 ⓴つめを切ろう

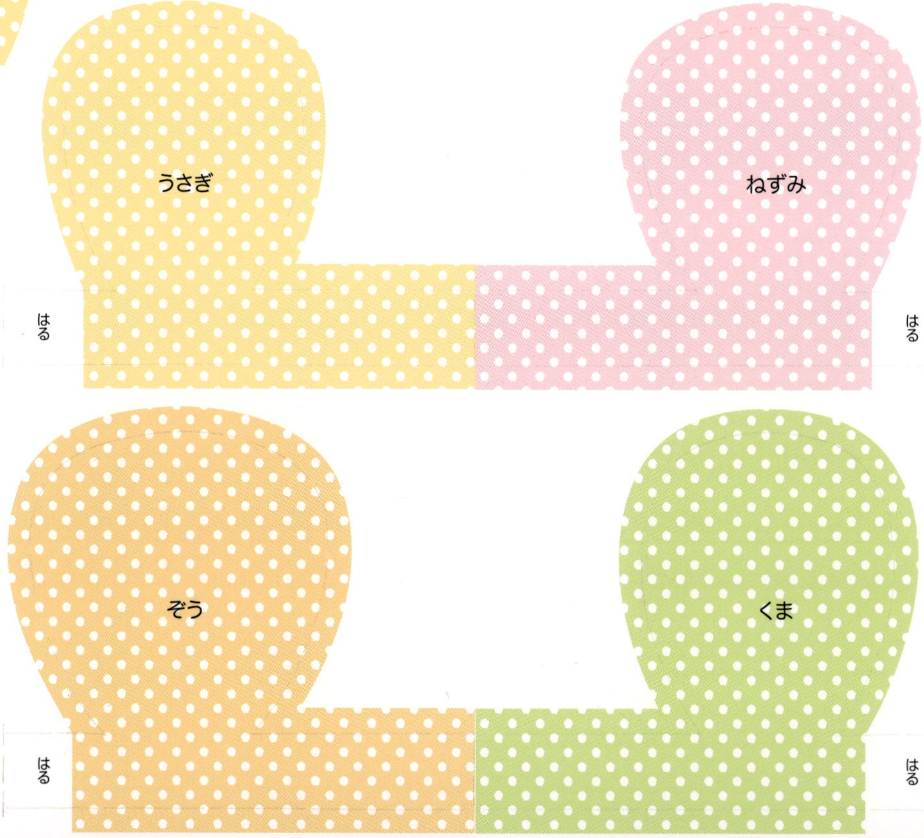

うさぎ

ねずみ

はる

はる

排せつ うんち P.12 ⓬食べたら、体の中を通ってうんちになることを伝えたい！

うんち

割りばしをはる

ぞう

くま

はる

はる

清潔 **くしゃみ&バイキン** P.14 ⑩くしゃみ、せきは、バイ菌が飛ぶよ

清潔 くしゃみ&バイキン

P.14 ⑩くしゃみ、せきは、バイ菌が飛ぶよ

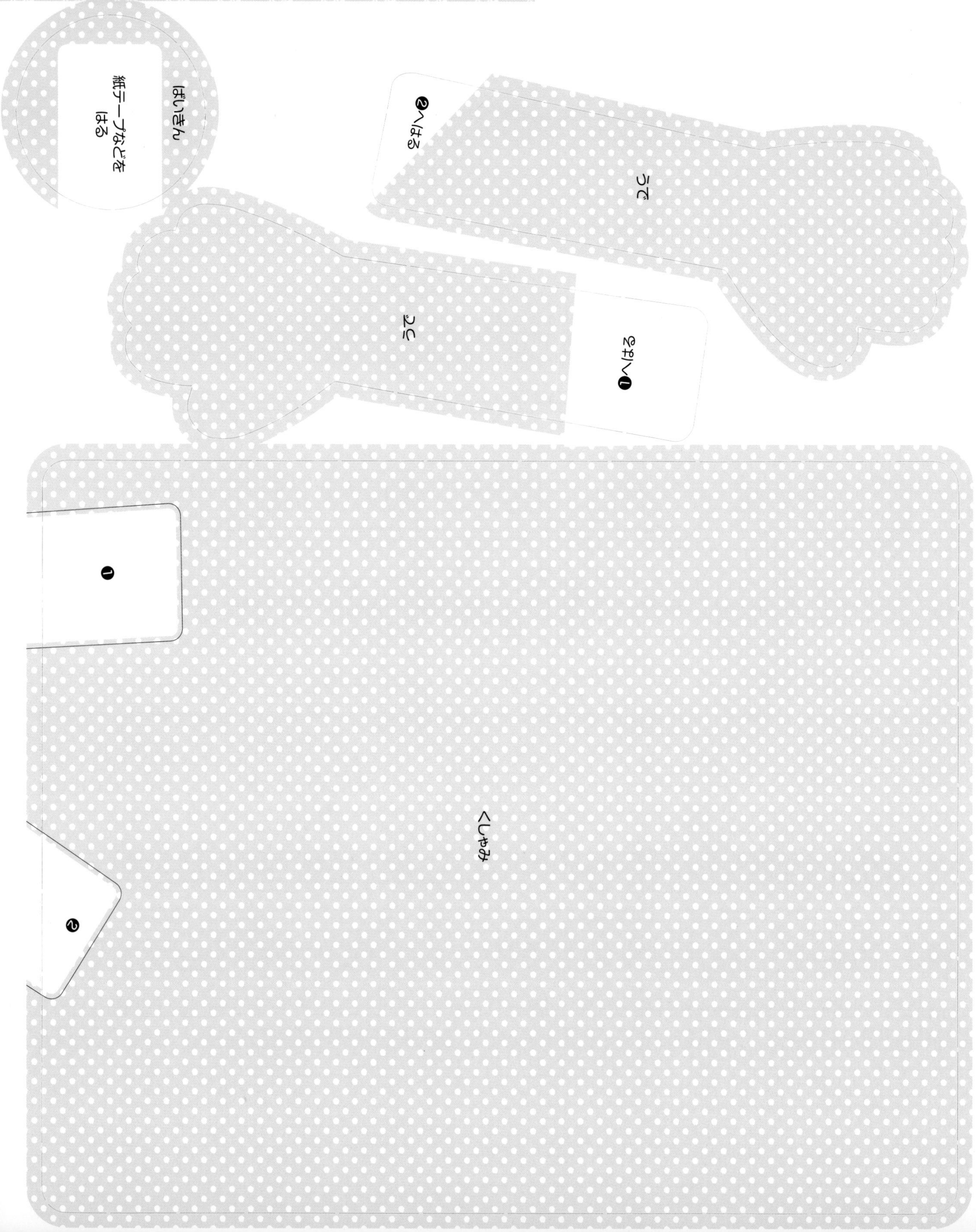

ばいきん

紙テープなどをはる

②くはる

うで

①くさし

うし

❶

❷

くしゃみ

| ほかにも いろいろ **ペープサート** | P.15 ⑱朝ご飯を食べよう ⑲姿勢を正そう
P.16 ㉑持ち物には名前を書いておこう
㉒今月の目標を決めよう | プール ほかにも いろいろ **生活カード 1** | P.6 ❺プールに入る日の約束を伝えたい!
P.16 ㉒今月の目標を決めよう |

うさぎ

おやすみ

くま

はやくおきよう

生活カード 1

P.6 ⑤プールに入る日の約束を伝えたい!
P.16 ㉒今月の目標を決めよう

はやくねよう

早寝・早起きをして、
プールに入れるようにしよう。

はやくおきよう

早寝・早起きをして、
プールに入れるようにしよう。

ペープサート

P.15 ⑱朝ご飯を食べよう　⑲姿勢を正そう
P.16 ㉑持ち物には名前を書いておこう
㉒今月の目標を決めよう

うさぎ

割りばしをはる

くま

割りばしをはる

生活カード 2

プール / ほかにもいろいろ

P.6 ❺プールに入る日の約束を伝えたい！
P.15 ⓳姿勢を正そう
P.16 ⓴つめを切ろう

つめをきろう

よいしせい

⭕

つめがのびたら…

つめが われるよ
ひっかいたら きずがつくよ
バイキンが はいるよ

わるいしせい

❌

生活カード 2

プール ほかにもいろいろ

P.6 ❺プールに入る日の約束を伝えたい！
P.15 ⓳姿勢を正そう
P.16 ⓴つめを切ろう

○ よいしせい

お手本にしよう！正しいしせい

つめをきろう

お手本にしよう！正しいしせい

× わるいしせい

お手本にしよう！正しいしせい

つめがのびたら…

お手本にしよう！正しいしせい

| プール ほかにも いろいろ **生活カード 3** | P.6 ❺プールに入る日の約束を伝えたい!
P.15 ⓭朝ごはんを食べよう | 排せつ **トイレ順番カード 1** | P.13 ⓮洋式トイレ、忘れやすい手順をおさらい! |

あさごはんをたべよう

うんちをしよう

あさごはんをたべないと…

①おしりをふこう

排せつ トイレ順番カード ❶
P.13 ⑭洋式トイレ、忘れやすい手順をおさらい!

プール 生活カード ❸
P.6 ❺プールに入る日の約束を伝えたい!
P.15 ⑱朝ごはんを食べよう

カードの下にマグネットを貼って使いましょう。

カードの下にマグネットを貼って使いましょう。

カードの下にマグネットを貼って使いましょう。

カードの下にマグネットを貼って使いましょう。

排せつ **トイレ順番カード 2** P.13 ⑭洋式トイレ、忘れやすい手順をおさらい！

③ てをあらおう

⑤ スリッパをそろえよう

② みずをながそう

④ てをふこう

排せつ トイレ順番カード 2

P.13 ⑭洋式トイレ、忘れやすい手順をおさらい！

② みずをながそう

きりとってつかいます。
うらめんにマグネットをはっても。

④ てをふこう

きりとってつかいます。
うらめんにマグネットをはっても。

③ てをあらおう

きりとってつかいます。
うらめんにマグネットをはっても。

⑤ スリッパをそろえよう

きりとってつかいます。
うらめんにマグネットをはっても。

手洗い 手洗い順番カード 1

P.7 ⑥手洗いの順番を伝えたい！手洗いを身につけたい！

② てのこう

④ ゆびのつめ

① てのひら

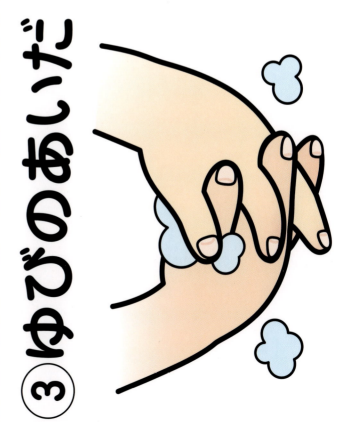

③ ゆびのあいだ

手洗い順番カード ①

P.7 ⑤手洗いの順番を伝えたい！
手洗いを身につけたい！

① てのひら

せっけんをつけて、
よくあわだてあらう。

② てのこう

せっけんをつけて、
よくあわだてあらう。

③ ゆびのあいだ

せっけんをつけて、
よくあわだてあらう。

④ ゆびのさき

せっけんをつけて、
よくあわだてあらう。

手洗い順番カード 2

P.7 ⑤手洗いの順番を伝えたい！手洗いを身につけたい！

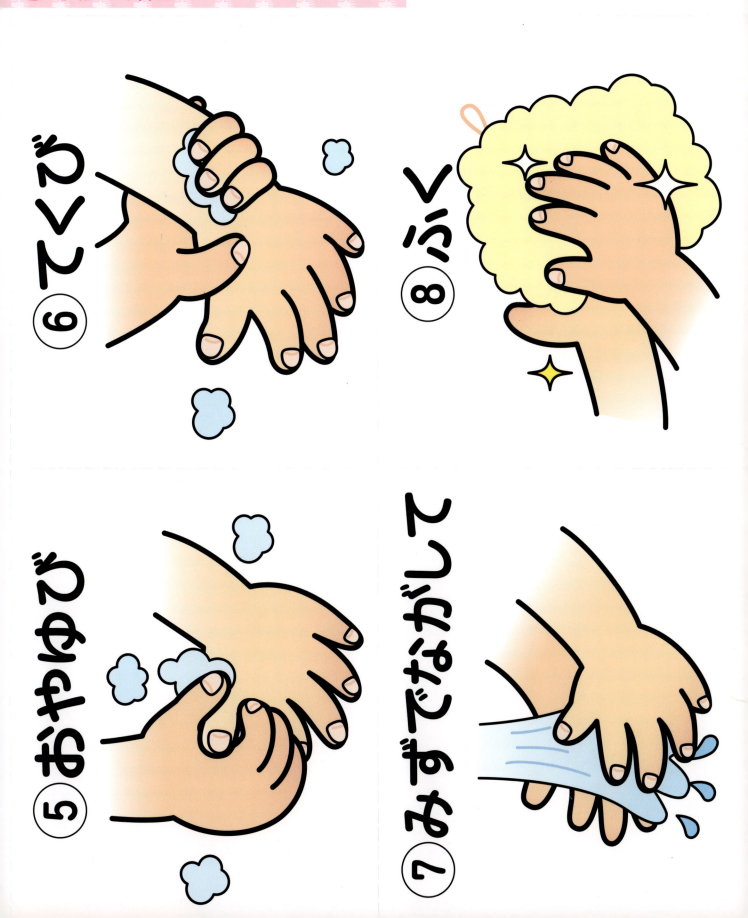

⑥てくび

⑧ふく

⑤おやゆび

⑦みずでながして

手洗い順番カード 2

P.7 ⑤手洗いの順番を伝えたい！手洗いを身につけたい！

⑤ おやゆび
お父さん指も 丁寧に洗います。

⑥ てくび
手首もしっかり 洗います。

⑦ みずでながして
水でしっかり 流します。

⑧ ふく
タオルで丁寧に 拭きます。